AF363702

ROBERT DE NEUFLIZE

5 Avril 1860 — 22 Février 1886

ALLOCUTION

PRONONCÉE A MARSEILLE, LE 16 MARS 1886

Par M. le Pasteur ED. SAUTTER

Il y a pour nous, Messieurs, n'est-il pas vrai ? un douloureux, mais grand privilège, à pouvoir saluer les premiers à son arrivée sur le sol français, la dépouille mortelle de celui qui a bravement servi son pays avant de mourir pour lui.

Vaillance et Foi, voilà ce me semble les deux mots qui résument le mieux la courte carrière terrestre de Robert de Neuflize. — « Demande à Dieu pour moi qu'Il me fasse la grâce de remplir toujours fidèlement mes devoirs de soldat et de chrétien », écrivait-il, il y a quelques mois à sa pieuse grand'mère, qui lui avait envoyé un sabre d'honneur offert jadis au général Walther, son aïeul.

— Robert de Neuflize, Dieu t'a accordé cette grâce ! Tu as vécu en bon soldat, avant de mourir en bon chrétien.

Dans un temps où l'enthousiasme est rare, où l'on est souvent découragé, désillusionné, blasé à vingt ans, j'aime à voir ce jeune homme, à qui la vie n'avait apporté que des joies, qui aurait pu rester auprès des siens à jouir de l'existence si confortable, si facile, qui était son lot ici-bas, solliciter l'honneur d'aller au loin, au prix de mille fatigues, de mille dangers, combattre pour l'honneur de la France, et chercher à faire quelque chose pour la gloire de son pays.

Messieurs, ne soyez pas surpris d'un tel langage sur les lèvres d'un ministre de Jésus-Christ : « L'amour pour le Sauveur n'exclut pas l'amour pour la Patrie ! » Je ne sache pas que les meilleurs soldats de Jésus-Christ, aient jamais été les moins bons soldats de la France ? Je pense à ces vaillants Huguenots, nos pères, qui ne se battaient jamais mieux qu'après avoir bien prié. Et, en présence de ce cercueil, je rends grâce à Dieu, de ce que leur lignée n'était pas encore éteinte ! Voilà pour la vaillance !

Voici maintenant pour la foi ! Cette foi, il l'avait reçue dès son enfance, auprès de sa pieuse mère, comme auprès de sa vénérée grand'mère, dont le nom est pour tous ceux qui ont le privilège de la connaître un symbole vivant de piété et de charité. Cette foi que Robert de Neuflize a su conserver, à un âge où tant de jeunes gens croient de bon ton de se rire des vieilles croyances de leur enfance... c'est cette foi qui le poussait au moment de son départ, à aller prendre sur une étagère la Bible de sa chère grand' mère, pour en écouter auprès d'elle quelques versets accompagnés d'une fervente prière. C'est cette foi qui l'a soutenu durant la longue traversée de retour : Un pieux missionnaire catholique redisait l'amour de Jésus-Christ, au jeune soldat malade protestant, et leurs cœurs à tous deux battaient à l'unisson, tandis qu'ils s'entretenaient de l'amour infini du Dieu de l'Évangile, du Dieu qui a tant aimé le monde que de lui donner son Fils unique pour Rédempteur! Et, quand arrivé à Port-Saïd, Robert de Neuflize a compris que la mort n'était pas loin, qu'il lui fallait renoncer, ô poignante douleur, à recevoir les dernières caresses de sa mère chérie, à dire un tendre adieu à tous ses bien-aimés. Messieurs, s'il a pu alors voir venir la mort sans frayeur, et être saisi par elle, sans avoir été saisi avant elle par le désespoir, c'est que le nom de Dieu était gravé dans son cœur! Le pardon que Jésus-Christ nous a obtenu sur la croix, rassurait sa conscience. La Patrie céleste était une réalité pour son âme. Il savait que la demeure du Père, qui est aux Cieux, allait s'ouvrir pour lui, au moment même, où il exhalerait son dernier soupir ici-bas.

Messieurs, serrons dans nos cœurs, les deux grandes leçons que nous avons reçues ce matin au pied de ce cercueil! Soyons des hommes de foi. Le Christ tient parole : Ceux qui s'attendent à Lui ne sont pas toujours déçus. On ne regrette jamais d'avoir écouté sa voix, tandis que tôt ou tard, on déplore amèrement de l'avoir repoussée!

Soyons aussi des hommes vaillants, pleins d'amour pour notre Patrie, pleins d'enthousiasme pour la servir et secouant ce découragement, cette mollesse, cette inertie, qui de nos jours nous envahissent si aisément, sachons aimer tout ce qui réclame du dévouement, tout ce qui exige de l'amour.

Amen !

ALLOCUTION

PRONONCÉE LE 19 MARS 1886, AU TEMPLE DU SAINT-ESPRIT

Par M. le Pasteur DHOMBRES

La destinée humaine a parfois un caractère tragique ! Robert de Neuflize élevé au sein d'une famille nombreuse, par une mère, veuve de bonne heure, qui l'avait entouré d'une ferme protection, autant que d'une infinie tendresse ; adolescent, sincèrement aimé de ses camarades, comme de tous ceux qui ont eu le privilège de s'occuper de lui ; jeune homme embrassant la carrière des armes, y trouvant sa véritable voie, y conquérant ses premiers grades ; partant plein d'ardeur pour le Tonkin avec la mission militaire annamite, et là, après trois mois de rudes fatigues, frappé non par une balle ennemie, mais par un ennemi plus terrible, la maladie, qui a rapidement brisé toute l'energie de sa jeunesse ; puis, ramené par un navire, vers les rives de la Patrie,

mourant en route à l'hôpital de Port-Saïd !
N'est-ce pas là, je le répète, une tragique
destinée ? J'en appelle à l'émotion qui saisit
tous nos cœurs à la vue de ce cercueil qui a
traversé les mers, de ce cher uniforme et de
ces fleurs, mélancolique image d'une vie sitôt
moissonnée !

Et cependant, chers affligés, au moment
même où Dieu vous frappait d'un coup si
cruel, ne vous a-t-il pas prodigué les témoi-
gnages de sa bonté miséricordieuse ? N'est-
ce pas Lui qui a fait trouver à votre enfant,
dans l'affection toute paternelle de son général, un adoucissement à sa solitude et à ses
souffrances ? En s'occupant avec tant de
sollicitude de son pauvre porte-fanion, le
général de Courcy a montré un grand cœur
et je veux ici, au nom de toute une famille,
au nom de cette Assemblée, l'en remercier
publiquement.

Il y avait aussi auprès de notre jeune
malade, le capitaine de Maindreville, qui
ne l'a pas quitté un instant et qui lui a
prodigué, en même temps que les soins du
corps, la sympathie d'une âme profondé-
ment déchirée elle-même. — Nous ne vou-

lons oublier personne, ni ce missionnaire qui était à bord et avec lequel Robert aimait à s'entretenir, ni d'autres amis qui l'ont visité à Port-Saïd et dans lesquels lui apparaissait sans doute l'image consolante de la France ! — Mais nous bénissons entre tous, du haut de cette chaire protestante, la sœur supérieure qui a soigné comme une mère, à la place de la mère absente, notre jeune ami dans les deux derniers jours de sa vie.

« La patience et la douceur, écrivait-elle à Mme de Neuflize, qui semblaient faire le fond du caractère de Monsieur votre fils, ne se sont jamais démenties un seul instant. On avait peine à lui faire avouer qu'il souffrait, toujours calme, toujours aimable, il accueillait tout le monde avec le sourire sur les lèvres, remerciant avec une touchante gratitude des plus petits services... » Puis un peu plus loin : « Hier dans l'après-midi je l'ai trouvé les yeux pleins de larmes ; à ma demande s'il souffrait davantage, il me tendit la dépêche qu'il venait de recevoir de votre part. Je lui promis alors de faire prier pour lui, toutes nos petites orphelines. — « O oui, dit-il, ma mère, en joignant les mains et en levant les yeux vers le ciel, faites-les prier ! » Votre bénédiction, madame, envoyée au delà des mers, a été une grande consolation, il serrait le télégramme dans ses mains tremblantes et répétait : « *C'est de ma mère !* » Et puis à la fin de cette admirable lettre : « Bien déchirante il est vrai est la douleur d'avoir perdu un si bon fils, mais bien consolant et fondé aussi est l'espoir de le retrouver un jour dans l'éternelle félicité. » Et nous, nous nous écrions à notre tour : bien consolant est ce témoignage d'une sœur qui ne partage pas nos croyances, mais qui se rencontre avec nous sur les hauteurs de la foi et de l'espérance chrétienne !

N'est-ce pas encore une consolation de penser que dans ces parages lointains, il s'est trouvé un pasteur pour présider à l'embarquement des restes précieux de notre jeune frère, une députation ayant à sa tête le consul de France et un piquet de marins pour lui rendre les honneurs militaires ? Et cette dépouille mortelle qu'une prière a encore accueillie dans le port de Marseille, le frère aîné qui aimait Robert comme un

père vous la ramène, et vous pouvez l'arro-
ser de vos larmes et vous pouvez la déposer
dans la tombe de famille en attendant le jour
de la résurrection glorieuse !

Chers affligés, oui la vie est tragique et
douloureuse, mais la face d'un Dieu d'amour
brille sur elle, et l'Évangile vient la conso-
ler. — Vous ne voyez pas dans le coup qui
vous frappe l'affreux hasard, mais la main
d'un Père, d'un Père auquel vous avez dit
à l'heure de votre Gethsemané, dans ces
prières éplorées qui rejoignaient au Trône
de sa grâce les prières des petites orphelines
de Port-Saïd : « Père, s'il est possible que
cette coupe passe loin de moi sans que je la
boive ! Toutefois que ta volonté soit faite et
non la mienne ! » Il n'a pas été possible
que cette coupe vous fut épargnée, vous avez
bu l'amer calice... Mais Celui qui a traversé
le vrai Gethsemané, était là auprès de votre
enfant mourant ; Il a entendu vos prières, Il
les a exaucées d'une autre manière en lui
accordant non la guérison terrestre, mais la
délivrance éternelle !

Vous croyez fermement chers affligés à la
vie d'En-Haut, à ce ciel où Christ nous a

préparé des places, et tandis que le monde dit en voyant cette jeunesse disparaître dans la tombe : vie manquée, carrière avortée... Vous dites, vous, avec notre grand prédicateur Adolphe Monod, les yeux tournés vers la Patrie céleste : « Là se recueille tout ce qui se perd ici ; là continue tout ce qui s'arrête ici ; là revit tout ce qui meurt ici. » Espérances chrétiennes, jamais nous n'avons mieux senti qu'à cette heure déchirante votre inébranlable certitude et votre ineffable douceur !

Jeunes gens que je vois rangés sympathiquement autour de ce cercueil, jeunes gens qui êtes disséminés dans cet auditoire et qui versez des larmes silencieuses, si votre camarade, si votre ami pouvait vous parler du sein de la mort, comme il vous dirait : qu'est-ce que la vie ? Je croyais avoir devant moi un long avenir... et je n'avais que quelques mois ! Oh ! ne perdez pas ces années si belles et si courtes, remplissez-les de tout ce qui fait la valeur de la vie, le sentiment du devoir, l'obéissance, le dévoûment, la préparation à la vie d'En-Haut ! N'écoutez pas ces voix qui vous disent : *jouis, marche comme ton cœur te mène et selon le regard de tes yeux,* en oubliant Dieu et l'Éternité, car céder à ces voix perfides, ce serait vous vouer au matérialisme, à l'abaissement. Ecoutez bien plutôt la voix du Dieu de l'Évangile qui vous dit non pas pour décolorer votre vie, mais pour la faire haute, grande, belle, féconde, bien remplie, dût-elle finir à vingt ans : *Mon Fils donne-moi ton cœur ! Mon Fils donne-moi ton cœur !*

Et vous, pères et mères à quelque communion chrétienne que vous apparteniez, qu'il vous soit donné en ce siècle incrédule d'élever vos enfants dans le respect des choses saintes, dans la foi au Christ et à la vie Éternelle ! Nous ne créons pas la foi, il est vrai, *c'est un don de Dieu,* mais nous pouvons en préparer l'éclosion dans les âmes par nos exemples et nos prières. Un jour n'en doutez pas Dieu bénira ce travail à genoux de l'éducation chrétienne... Et si votre enfant doit mourir, loin de la Patrie, loin de l'étreinte maternelle, loin du *home* chéri, comme Robert de Neuflize... il se souviendra !... Le culte domestique, le culte public, la chaude atmosphère du foyer chrétien, la piété d'une mère et d'une sainte aïeule, reviendront à sa mémoire ou plutôt à son cœur... Et se tournant vers le Dieu de la croix qui est le Dieu des délaissés et qui lui tiendra lieu de Patrie et de famille, il lui dira du fond de sa détresse : *Je ne suis pas seul, car mon Père est avec moi ! Père je remets mon esprit entre tes mains !*

Amen !

Typ. Ch. Maréchal & J. Montorier.

www.ingramcontent.com/pod-product-compliance
Lightning Source LLC
LaVergne TN
LVHW011935170726
843501LV00011BA/4427